GUÍA DE LECTURA

Escrita por Isabelle Consiglio
Traducida por Marta Sánchez Hidalgo

La isla del tesoro

de Robert Louis Stevenson

Entiende fácilmente la literatura con

ResumenExpress.com

www.resumenexpress.com

ROBERT LOUIS STEVENSON

ESCRITOR ESCOCÉS

- **Nacido en 1850 en Edimburgo (Escocia)**
- **Fallecido en 1894 en Vailima (Samoa)**
- **Algunas de sus obras:**
  - *Viajes con una burra por los montes de Cévennes* (1879), cuento
  - *La isla del tesoro* (1883), novela
  - *El extraño caso del Dr. Jekyll y Mr. Hyde* (1886), cuento

Robert Louis Stevenson (1850-1894), escritor escocés y gran viajero, se inspira en sus recuerdos de viajes a Francia, América y las islas Samoa para escribir sus relatos. Es un adolescente con la salud delicada y abandona sus estudios para dedicarse a la escritura. Sus relatos rítmicos y poco realistas son innovadores para la época.

Entre sus novelas más conocidas, cabe destacar *Viajes con una burra por los montes de Cévennes* (1879), *La isla del tesoro* (1883) y *El extraño caso del doctor Jekyll y el señor Hyde* (1886). Es también autor de ensayos de teoría de la literatura, así como de escritos descriptivos y documentarios sobre las islas del Pacífico. Stevenson fue uno de los primeros europeos en defender a los indígenas de las islas Samoa de los poderes coloniales.

LA ISLA DEL TESORO

UN CLÁSICO DE LA LITERATURA DE AVENTURAS

- **Género:** novela
- **Edición de referencia:** Stevenson, Robert Louis. 2000. *La isla del tesoro*. Traducido por José Toroba. Madrid: Espasa juvenil
- **Primera edición:** 1883
- **Temáticas:** piratas, tesoro, valor, aventura

La isla del tesoro se publica al principio por fascículos en una revista británica. La primera edición como novela se publica en 1883. La obra, que narra las aventuras del joven Jim Hawkins que va en búsqueda del botín de una banda de piratas, se convierte rápidamente en un clásico de la literatura de aventuras y tiene un éxito colosal. *La isla del tesoro* se adapta muchas veces al cine y al cómic. La imaginería del pirata descrita en la novela también se copiará hasta el punto de que en el presente está anclada en el imaginario colectivo.

RESUMEN

PRIMERA PARTE: EL ANTIGUO BUCANERO

El relato, escrito en primera persona por Jim Hawkins, empieza en 1782 cuando el joven héroe empieza a escribir sus aventuras vividas unos veinte años antes en el mar y en la misteriosa isla del tesoro. Los padres de Jim eran antaño propietarios del albergue Almirante Benbow, cerca de Bristol. Con la llegada de un nuevo cliente, un viejo marinero llamado Billy Bones, Jim comienza con la descripción de los acontecimientos que marcan su adolescencia.

Poco después de la muerte del padre de Jim, el nuevo cliente muere como consecuencia de una violenta pelea con un marinero que vino a visitarle. Antes de morir, Bones recibió la mota negra, símbolo de la muerte inminente en los piratas. Jim y su madre deciden entonces recuperar el contenido del cofre del viejo Bones antes de que los piratas, que ignoran la muerte accidental de Bones, lleguen. Jim, el doctor Livesey y Trelawney, que es un caballero inglés, examinan los documentos del cofre. Comprenden que se trata de un mapa del tesoro y deciden ir en su búsqueda.

SEGUNDA PARTE: EL COCINERO DE A BORDO

John Trelawney fleta un barco llamado la *Hispaniola*. Contratan a un tal John Silver como cocinero de a bordo. Surgen tensiones entre el capitán Smollet y el caballero por la elección de la tripulación del barco: el capitán le reprocha haber escogido a hombres poco fiables.

En la travesía Jim descubre que la tripulación pretende hacer un motín para apropiarse del tesoro. John Silver y sus amigos formaban parte en realidad de la antigua tripulación de Billy Bones y del pirata Flint. Su objetivo es recuperar el tesoro. El joven Jim se apresura en ir a comunicar estas noticias al capitán y al doctor. Estos deciden esperar y utilizar a Jim como intermediario y espía puesto que los hombres parecen confiar en él.

TERCERA PARTE: MI AVENTURA EN TIERRA

La *Hispaniola* llega a la costa de la isla del Esqueleto. Los hombres toman tierra para explorar la isla. Jim decide seguirlos en tierra y se cuela en uno de los botes antes de huir en el bosque. En tierra Silver abate a varios hombres en contra del motín. En su huida, Jim conoce al único habitante de la isla: un náufrago llamado Ben Gunn. También es un viejo hombre de la tripulación de Flint.

CUARTA PARTE: EL FORTÍN

En la ausencia de Jim, el doctor Livesey se encarga del relato de esta parte de la novela: se refugia con el resto de la tripulación en un fortín a lo largo de la orilla para reaccionar a los motines en caso de ataque. Sacan del barco todas las provisiones de armas y de alimentos.

Jim consigue escapar de los piratas y ha vuelto a la playa con Ben Gunn, que le anuncia que posee el tesoro. En acuerdo con el doctor, entregan el mapa del tesoro y las provisiones a los piratas para engañarlos. El fortín está en estado de sitio y John Silver intenta una negociación cuyas condiciones rechaza firmemente el capitán Smollet.

El pirata ordena a sus hombres asaltar el fortín del capitán. Lo hieren, pero los piratas acaban siendo vencidos. Jim aprovecha la confusión para escapar otra vez. El joven intenta recuperar el bote de Ben Gunn para soltar las amarras del barco y así impedir que los piratas huyan.

QUINTA PARTE: MI AVENTURA MARÍTIMA

Jim consigue soltar las amarras de la *Hispaniola*, pero lo descubren varios piratas que se quedaron a bordo. Cuando el barco deriva, sube a bordo para intentar enfrentarse a los piratas y retomar el control del navío. Consigue bajar la bandera negra como señal de captura del navío. En el timón, un pirata de la banda de Silver tiene como misión llevar al barco a un lugar seguro. Ataca a Jim por detrás, lo hiere en el hombro, pero el joven consigue vencer al pirata. Jim inmoviliza el barco en un banco de arena y distingue en tierra el campamento de los piratas.

SEXTA PARTE: EL CAPITÁN SILVER

Jim, capturado por los piratas, muestra valor al confesarles que fue el origen de sus desventuras puesto que les sorprendió en su conversación sobre el motín. Los piratas deciden utilizarlo como moneda de cambio. El doctor Livesey pide hablar con Jim. John Silver acepta con la condición de que el joven jure que no huirá. El héroe asegura al médico que está en su campamento.

A la mañana siguiente, los piratas van en búsqueda del tesoro. Aterrorizados por lo que parece la voz del difunto Flint, se apresuran a descubrir el botín, pero el tesoro está vacío. El grupo la toma con su jefe, John Silver, y lo acusan de traición. La llegada de Ben Gunn, que imitaba a Flint gritando, y del doctor bastan para calmar los ánimos. En realidad Ben Gunn es el que posee el tesoro. El barco se va y abandona a los piratas a su suerte. John Silver embarca, pero se escapa en la primera escala. De vuelta a Bristol con su parte del botín, Jim Hawkins jura que nunca más navegará con la bandera pirata.

ESTUDIO DE LOS PERSONAJES

JIM HAWKINS

Jim Hawkins, el héroe y narrador de la mayor parte del relato, nos ofrece una visión personal de su aventura. Ha tomado distancia respecto a los acontecimientos porque los ha puesto por escrito años más tarde.

Es un adolescente que hasta entonces no ha experimentado verdaderas aventuras en su vida y se encuentra sumergido en acontecimientos dramáticos. La muerte prematura de su padre lo obliga a encargarse de los negocios familiares con su madre. Pero su carácter impetuoso e independiente se asentará lejos de su familia. Está obligado a vivir en un ambiente hostil y sabe ser discreto cuando es necesario. No reflexiona en las consecuencias de sus actos: es muy independiente e impulsivo. Es el caso, por ejemplo, de sus dos fugas. Evoluciona entre miedo y fascinación hacia los piratas, y madura con su experiencia puesto que promete no volver a participar en tales expediciones.

A pesar de su corta edad, Jim es seguro: rechaza traicionar la palabra dada a los piratas. El capitán y el doctor lo consideran además como una persona de confianza puesto que participa en el combate y en la vida a bordo de la *Hipaniola*. Los dos hombres no dudan nunca de su buena fe.

El lector ignora casi toda la vida de Jim Hawkins antes y después de sus aventuras en el mar. Sin embargo, encarna el héroe adolescente por excelencia, joven y valiente, con el que el lector puede identificarse sin problema.

JOHN SILVER EL LARGO

John Silver, figura del pirata aterrador y traidor, desagrada de la misma forma que fascina. Posee los atributos clásicos del pirata, tanto físicos como psicológicos:

- tiene una pata de palo y un parche en el ojo;
- lleva un loro posado en su hombro;
- tiene un carácter avaricioso y versátil;
- es mentiroso y farsante.

Como su única motivación es recuperar a toda costa el tesoro de Flint, John Silver no duda en poner en juego todos los medios que considera útiles para llegar a su fin, incluido el asesinato. Es un verdadero líder de hombres, se impone como principal impulsor del motín. A pesar de ello, parece que John Silver y Jim están unidos por un vínculo de amistad y de admiración desde el principio de la aventura. De hecho, el pirata es el único que defiende a Jim cuando capturan al joven. Su primer encuentro está también impregnado de cortesía y admiración.

John Silver muestra una gran resistencia física a pesar de su desventaja. Tiene una impresionante fuerza de carácter y siempre consigue arreglárselas en situaciones difíciles: es el único pirata que se embarca en la *Hispaniola* al final de la expedición y, además, conseguirá escapar de la nave. Es un verdadero camaleón, adapta su discurso y su actitud en función de su interlocutor para ganar su confianza. La insistencia en su mirada despiadada y feroz y en el carácter casi fantasmal del personaje, que aparece y desaparece en el seno del relato, hacen de él una figura esencial del pirata en la literatura.

EL DOCTOR LIVESEY

El doctor Livesey se presenta ante todo como un hombre de ciencias inteligente y valiente. El afán de lucro no parece ser su primera motivación durante el viaje. Como es médico, es indispensable a bordo. No durará en cuidar en la isla a los piratas que tienen la malaria. Él es el que descifra el mapa de Billy Bones al principio de la expedición.

Es familiar de Jim, vienen de la misma ciudad. Puede considerarse una figura paternal para el joven: el doctor está presente en la muerte del padre de Jim, acompaña y cuida al adolescente durante el periplo y le hace llorar cuando lo sermonea sobre sus múltiples fugas.

El ingenio del doctor contrasta con la brutalidad de los piratas. Les tenderá una trampa al darles el mapa del tesoro. Es un hombre de acción y buen estratega, maneja muy bien las armas de fuego, pero en general prefiere negociar. Se impone como capitán de la expedición en tierra de cuya narración se encarga, lo que hace que sea un personaje clave en el desarrollo de la novela.

EL CABALLERO JOHN TRELAWNEY

Tiene un título de nobleza y se caracteriza sobre todo por su ingenuidad en cuanto a la organización de la expedición. Su falta de experiencia en el seno de un mundo que no es el suyo lo empuja a confiar en el grupo de piratas que recluta como tripulación, lo que de entrada conlleva una discusión acalorada con el capitán Smollet. Es un personaje discreto y toma pocas iniciativas estratégicas, al contrario del doctor Livesey. Sus preocupación son más triviales, como lo demuestra la peluca que lleva en una parte de la travesía. En contraste con el mundo brutal de la piratería, descubre la vida cotidiana del bucanero y la vida a bordo de un velero.

BEN GUNN

Es un náufrago abandonado por la tripulación del pirata Flint y hace tres años que no tiene ningún contacto con la civilización. Es el único habitante de una isla desierta y hace referencia al mito del caníbal. Su apariencia física sucia y desgreñada asusta al joven Jim Hawkins que es el primero que lo encuentra. A pesar de sus largos años de soledad, no es hostil y resulta ser un aliado preciado para Jim. De hecho, es el que conduce al relato al final por medio de la aportación de información esencial. Su colaboración con la tripulación es una ocasión para poder vengarse de los piratas asustándolos, pero sobre todo para abandonar definitivamente la isla.

Aunque aparece tarde en la novela, Ben Gunn es un personaje esencial porque lleva a la intriga a su resolución. Además, es uno de los pocos protagonistas de los que el lector conoce toda su historia, desde su pasado en la tripulación de Flint hasta su reconversión como guardián en las Antillas.

CLAVES DE LECTURA

UNA NOVELA DE AVENTURAS Y DE INICIACIÓN

La isla del tesoro ha pasado a la posteridad y su éxito ha traspasado generaciones. Suele presentarse como una novela de aventuras imprescindible y está asociada más como lectura infantil que como juvenil.

El relato presenta la trama clásica de la novela de aventuras y se ha convertido en su prototipo por varias razones:

- el hecho de que un joven héroe intrépido emprenda una emocionante misión;
- la presencia de elementos desde entonces clásicos como el tesoro, la isla desierta, los piratas o el náufrago aterrador;
- la presencia de múltiples imprevistos y de cambios de ritmo en el seno de la narración (alterna partes muy descriptivas con fragmentos más agitados como la escena del combate entre Jim y el pirata en lo alto del mástil).

La novela de aventuras forma parte de la literatura popular que surge a partir de la segunda mitad del siglo XIX. Como la mayoría de las novelas que pertenecen a este género, *La isla del tesoro* se publica al principio en la prensa británica por fascículos.

La novela entra también en la categoría más específica de novela iniciática o de formación, género nacido en el siglo

XVIII que cuenta el aprendizaje de un joven héroe. Éste tiene que enfrentarse a diferentes pruebas antes de convertirse en un hombre. Así, Jim se lanza en el mundo adulto tras la muerte de su padre y tiene que afrontar peligros desconocidos lejos de su casa. Volverá maduro y transformado por lo vivido. Este esquema aparece en la mayoría de las novelas para adolescentes.

LA MITOLOGÍA DEL PIRATA

La isla del tesoro es una de las primeras novelas que ha creado y descrito a personajes que pertenecen al mundo de la piratería. De esta forma ha participado muchísimo en el imaginario colectivo de una mitología asociada a los piratas. La novela contiene diversos elementos que se pueden acercar a este universo:

- las características físicas de los piratas como el parche en el ojo, la pata de palo, el loro y los tatuajes;
- la naturaleza bribona y codiciosa;
- su debilidad por el ron;
- las rivalidades internas en el universo de la piratería.

Los piratas asustan de la misma forma que fascinan. Por eso la mitología que se les asocia ha pasado a la posteridad y sigue siendo actual. tras Stevenson, otros autores han descrito con éxito el universo de los piratas. Es por ejemplo el caso de Emilio Salgari (escritor italiano, 1853-1911) cuyas numerosas historias de corsarios se han adaptado a la gran pantalla; de James Matthew Barrie (escritor escocés, 1860-1937), el creador del famoso capitán Garfio o, más reciente, de Hugo Pratt (autor de cómics, 1927-1995), al origen de las aventuras del corsario Corto Maltés. Esta imaginería del pirata, cercana al estereotipo, se encuentra también en el cine. Como prueba de esto cabe citar el reciente éxito del ciclo de *Piratas del Caribe.* Todas estas adaptaciones son fieles a la visión popular del pirata tal y como la encontramos en *La isla del tesoro.*

ELEMENTOS DE LA COMUNICACIÓN

Debido a los múltiples giros y a la búsqueda tan definida, *La isla del tesoro* se presta muy bien al estudio del esquema de los elementos de la comunicación. Como en la mayoría de las novelas de aventuras, se formulan claramente las diversas transformaciones del relato.

Jim Hawkins es el héroe de la aventura. Acepta ir en busca del tesoro de Flint, que es el objetivo buscado o el objeto de la búsqueda después de descubrir los documentos que se encontraban en el cofre de Billy Bones. La muerte prematura de éste permite a Jim y a su madre escapar de los piratas. El caballero Trelawney acepta a Jim a bordo de la *Hispaniola* como grumete, y el doctor Livesey protege y cuida al joven. Al final, Ben Gunn revela la información esencial que incumbe al tesoro. De esta forma, estos personajes ayudan al héroe a llevar a cabo su búsqueda. A la inversa, el motín de los piratas y su decisión de atacar el fortín retardan la culminación de la búsqueda. Podemos considerar a John Silver un oponente y un ayudante al mismo tiempo, puesto que toma a Jim como rehén, pero decide no ejecutarlo. Finalmente, la búsqueda beneficia sobre todo a Jim, al que hace madurar;

a Ben, que puede así abandonar su isla y a John Silver, que consigue escapar.

El esquema sería el siguiente:

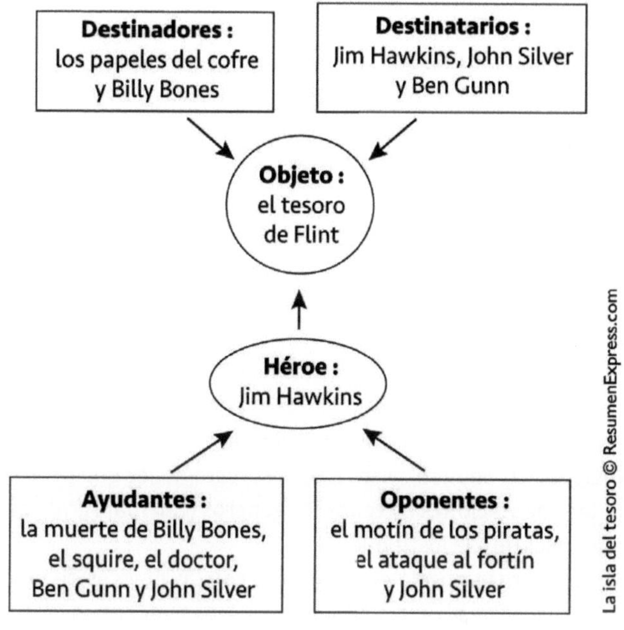

PISTAS PARA LA REFLEXIÓN

ALGUNAS PREGUNTAS PARA PROFUNDIZAR EN SU REFLEXIÓN...

- ¿Qué hace que esta obra sea una novela de aventuras?
- *La isla del tesoro* es también una novela iniciática. ¿Qué significa eso? Nombre otras novelas iniciáticas y compárelas con *La isla del tesoro*.
- Compare los piratas de *La isla del tesoro* con otras figuras de piratas que conozca.
- Según su opinión, ¿por qué la figura del pirata tiene tanto éxito?
- ¿De qué mitos o figuras míticas se hace eco el náufrago Ben Gunn?
- Señale otros mitos (diferentes de los del pirata y del náufrago) que se han vuelto famosos y/o que han sido fuente de inspiración de libros, películas, etc.
- Según su opinión, ¿esta obra se presta mejor que otras a las adaptaciones en todos los géneros (cinematográficas, cómics, etc.)? Justifíquelo.
- Compare la novela de Stevenson con las novelas de Julio Verne (*Viaje al centro de la tierra*, *Cinco semanas en globo*, *La isla misteriosa*, etc.). ¿Cuáles son las diferencias y los puntos en común entre las obras de estos dos autores?

¡Su opinión nos interesa!
¡Deje un comentario en la página web de su librería en línea,
y comparta sus favoritos en las redes sociales!

PARA IR MÁS ALLÁ

EDICIÓN DE REFERENCIA

- Stevenson, Robert Louis. 2000. *La isla del tesoro*. Traducido por José Toroba. Madrid: Espasa juvenil.

ADAPTACIONES

La novela de Stevenson ha tenido por los menos seis adaptaciones cinematográficas. Entre las más conocidas, destacamos:

- *La isla del tesoro*. Dirigida por Victor Fleming, con Jackie Cooper y Wallace Beery. Estados Unidos, 1934.
- *La isla del tesoro*. Dirigida por John Hough y Andrea Bianchi, con Kim Burfield y Orson Welles. Reino Unido, 1972.

EN RESUMENEXPRESS.COM

- Guía de lectura de *El extraño caso del Dr. Jekyll y Mr. Hyde* de Robert Louis Stevenson.

ResumenExpress.com

www.resumenexpress.com

ISBN ebook: 9782806274779

ISBN papel: 9782806286321

Depósito legal: D/2016/12603/567

Cubierta: © Primento

Libro realizado por Primento, el socio digital de los editores